Les Gaulois

Table des matières

Jérôme Lescarret
Agrégé d'histoire

LES GAULOIS

Illustrations d'Emmanuel Cerisier

Éditions Jean-Paul Gisserot
www.editions-gisserot.com

Les origines des Gaulois : Les peuples celtiques

Ce que l'on sait des Gaulois, on le doit aux Romains qui les appelaient les *Galli*, et aux Grecs qui les appelaient les *Keltoï* (les Celtes). Pourquoi par eux ? Parce que les Grecs et les Romains savaient écrire ! Pas les Gaulois ! Donc, c'est par l'intermédiaire de leurs ennemis que les Gaulois sont connus, ce qui n'est pas forcément flatteur pour eux.

Certains Gaulois auraient répondu à Alexandre le Grand qui leur demandait ce qu'ils craignaient le plus : "*Nous ne craignons qu'une chose : que le ciel ne nous tombe sur la tête.*" C'était forcément curieux pour Alexandre qui, lui, ne craignait pas la chute du ciel !

Pour compléter notre connaissance indirecte et superficielle des Gaulois, une

Les riches terres gauloises

science est bien utile : l'archéologie. C'est en fouillant le sol qu'elle a permis de découvrir les lieux les plus importants de l'histoire des Celtes dont la branche gauloise s'est établie dès le Ier millénaire avant J.-C., voici donc 3 000 ans, dans la partie occidentale de l'Europe, dans de vastes régions de ce qui sera la France. Ces Celtes venaient de l'est et ont peu à peu conquis ces terres où ils développèrent une culture originale qui entretenait de nombreux rapports avec les civilisations méditerranéennes : Rome et la Grèce.

Portrait des Gaulois

Les premières descriptions ou plutôt caricatures des Gaulois ont donc été faites par des Romains et des Grecs.

Pour Diodore de Sicile, historien du Ier siècle avant J.-C., "*les Gaulois sont de haute taille, leur chair est flasque et blanche ; leurs cheveux sont non seulement blonds, mais ils s'appliquent à les éclaircir en les lavant avec de l'eau de chaux. Ils les tirent du front vers le sommet de la tête. Leur coiffure ressemble ainsi à la crinière des chevaux. (...) Les nobles portent des moustaches longues et pendantes au point qu'elles leur couvrent la bouche. Ils se vêtent d'habits étonnants, de tuniques teintes où fleurissent toutes les couleurs et de pantalons qu'ils appellent braies.*"

Cette description condescendante montre la curiosité que suscitaient les Gaulois pour les Romains, habillés de toges et habitués à un autre genre de vie. Diodore ne retient que ce qui est surprenant et différent de ce qu'il a l'habitude de voir. Il est confronté à la différence et n'en retient que ce qui est bizarre.

Les Gaulois et leur culture ne sont donc pas décrits avec justesse car ils n'étaient pas vraiment dignes d'intérêt aux yeux des Grecs et des Romains. Seules leur cruauté et leur bravoure à la guerre ont été rappelées à de nombreuses reprises. Les Grecs et les Romains étaient terrifiés : les Gaulois des Alpes étaient réputés couper la tête de leurs ennemis pour les rapporter dans leur village suspendues au cou de leurs chevaux et les exposer comme trophées sur des piques devant leur maison.

Une famille gauloise buvant de la cervoise devant son village

La société gauloise

Il n'existe pas d'État gaulois centralisé mais une multitude de peuples ayant chacun sa propre organisation politique. Pourtant, il y avait quelques points communs : chez les peuples celtiques, la forme du gouvernement est soit l'oligarchie*, soit la monarchie**. Parfois, les diverses tribus s'unissaient pour faire la guerre à un ennemi commun. À la fin du IVe siècle avant J.-C., une coalition gauloise a été faite derrière le roi Catumandus pour attaquer une colonie que les Grecs avaient fondée vers 600 av. J.-C., Massilia, l'actuelle ville de Marseille. Ce fut un échec, mais ils avaient essayé de s'unir !

Aucune tentative d'union n'a jamais duré. De plus, les détails de l'organisation et de la répartition du pouvoir chez les

Prisonniers de guerre

peuples gaulois étaient largement ignorés des historiens anciens car ils n'étaient pas gaulois. On sait seulement qu'il y avait cinq classes sociales : rois, nobles (guerriers), et hommes libres-propriétaires (guerriers) dominaient la société, puis venaient les hommes libres sans propriété et les hommes non-libres. Il existait également des esclaves, prisonniers et butins de guerres car tous les ennemis n'étaient pas tués, certains étaient vendus ou rapportés pour servir le vainqueur. Les chefs religieux, les druides chapeautaient la hiérarchie sociale. Les femmes, elles, se devaient d'être les maîtresses de la maison. Seules les princesses avaient un destin qui leur permettait de sortir de la cuisine et des tâches ménagères.

** Oligarchie : pouvoir de quelques-uns, plusieurs familles, ou groupe de "sages".*

*** Monarchie : pouvoir d'un seul, le monarque ou roi, qui a acquis cette position le plus souvent par hérédité, c'est-à-dire de père en fils.*

La Vie quotidienne chez les Gaulois

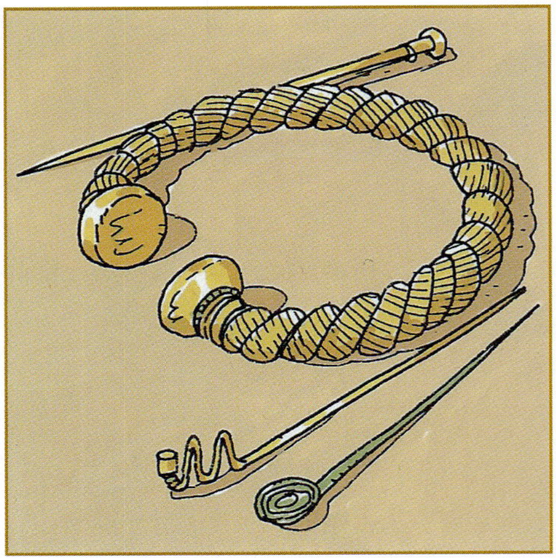
Bijoux d'or

La famille, le clan étaient au cœur de l'organisation de la société gauloise. Le mari avait le droit de vie ou de mort sur son épouse. Elle lui apportait une dot pour le mariage. Et les enfants, eux, devaient aussi une totale obéissance au chef de famille : le père gaulois n'était pas tendre avec son fils qui devait devenir un bon guerrier..

Les maisons des Gaulois n'étaient généralement pas construites pour durer : elles étaient faites de bois et recouvertes de paille, en forme de coupoles. Le feu était en général placé au milieu de la maison. En temps de guerre, pour se protéger des ennemis les Gaulois se réfugiaient dans des lieux fortifiés au-dessus des villages appelés par le général romain César, des *oppida*.

Les Gaulois se nourrissaient surtout de porc rôti, bouilli ou salé. Les laitages constituaient aussi des aliments importants. La boisson la plus populaire était une bière agrémentée parfois de miel et d'herbes.

Les tombeaux recouverts de terre, appelés *tumuli*, qui ont été

découverts, ont permis de connaître le mode de vie des plus aisés dans la société, souvent des guerriers nobles. Ces hommes emportaient dans l'au-delà ce qui leur était le plus important : épée en fer ou en bronze, bijoux d'or, collier notamment qui constituait le symbole du pouvoir des princes, comme dans beaucoup d'autres civilisations, égyptienne par exemple.

Un village gaulois

La Terre, la Chasse, l'Industrie

L'agriculture, notamment la culture des céréales (blé, orge, seigle), constituait l'activité principale du peuple. Le bétail (porcs, chevaux, bœufs) aussi était nombreux en Gaule. Les Gaulois utilisaient des engrais naturels comme la craie blanche, la chaux, les cendres ce qui améliorait les rendements des terres. Le pays avait donc une réputation de terre riche et suscitait l'envie des peuples voisins : les Germains au nord-est et les Romains au sud.

La chasse tenait une place importante dans la vie des Gaulois car elle permettait de s'entraîner à la guerre, d'apprendre le maniement des armes dans les profondes forêts gauloises.

C'est surtout dans la métallurgie que les Gaulois se sont illustrés. Ils possédaient de nombreuses mines (étain, cuivre, fer, plomb, or, argent...). Le degré d'avancement technique et le raffinement de l'art des Gaulois et des Celtes en général sont démontrés dans les tombes : les bijoux, les épées et les glaives, les boucliers étaient finement ciselés, décorés avec du corail et de l'émail, des perles et d'autres pierres précieuses.

Gaulois forgeant des armes

Le travail de la terre

Les contacts avec d'autres civilisations

Toutes les richesses des terres gauloises et le savoir-faire des hommes qui les peuplaient ont permis de développer depuis des temps très anciens des contacts avant tout économiques mais aussi belliqueux avec les peuples voisins.

La tombe extraordinaire d'une princesse de Vix en Gaule, morte vers 480 av. J.-C. révèle que les Gaulois entretenaient de nombreux contacts avec les civilisations voisines notamment celles de la Méditerranée : Rome bien sûr, mais aussi la Grèce par l'intermédiaire de ses colonies comme Massilia. Ainsi, la tombe de Vix contenait un cratère de bronze de 208 kilos : ce vase immense venait de Grande-Grèce, c'est-à-dire de l'Italie du sud et servait à mélanger le vin à de l'eau et à des herbes pour l'aromatiser. Cela montre que les Gaulois importaient des objets de grand luxe mais qu'ils en exportaient aussi car de nombreux objets d'origine gauloise ont été retrouvés dans d'autres régions. Les Gaulois échangeaient ou achetaient des denrées alimentaires surtout le vin que leur apportaient les marchands d'Italie dans des amphores, contre des céréales. Car les Gaulois étaient réputés pour leurs fêtes où le vin coulait à flots. Certains Gaulois acceptaient même de se vendre comme esclave pourvu que du vin soit fourni à leur famille ou à eux-mêmes.

Le vase de Vix

Les oies du Capitole

Les contacts qui semblent dominer sont avant tout ceux qui aboutissent à des conflits : les tribus et les clans gaulois se font régulièrement la guerre ; les peuples voisins convoitent les richesses de la Gaule et réciproquement. Ainsi, en 386 av. J.-C., Rome est attaquée, incendiée et occupée pendant sept mois par des Gaulois. Seule la colline du Capitole a été sauvée de la destruction grâce aux cris des oies qui ont alerté les soldats. Cet épisode a profondément marqué les Romains qui ont gardé en eux la peur des Gaulois et qui ont honoré les oies du Capitole qui les avaient mieux protégés que les soldats.

Druide récitant des textes sacrés

Les Dieux et les rites gaulois

Les Gaulois étaient polythéistes et animistes car la nature était le monde du divin. Ils croyaient donc en l'existence de plusieurs dieux, chacun ayant une fonction particulière et résidant dans les forêts. Certains sanctuaires gaulois et celtes sont encore visibles aujourd'hui, dolmens, mégalithes*. Ils étaient sacrés et coupés du monde des vivants, situés dans des lieux mystérieux où les dieux se manifestaient : source, lac, forêt, clairière... Cela permettait la naissance de plein de légendes. Les dieux étaient honorés par des sacrifices d'animaux dont les ossements étaient soigneusement conservés dans une fosse et le crâne exposé. En effet, la tête, même celle des hommes morts, était très importante dans la religion et l'art gaulois.

Les Gaulois représentaient peu leurs dieux de façon humaine à la différence des Grecs et des Romains. Ils craignaient particulièrement les dieux réputés sanguinaires et redoutables comme Teutates et Esus : pour les apaiser, des sacrifices humains leur auraient été consacrés pendant très longtemps ; pour Esus, un homme était suspendu à un arbre et mis en pièces.

Surtout, ce qui domine dans les rites gaulois, c'est la diversité entre les peuples et les clans. Seuls les druides représentent un point commun : ils étaient ceux qui guidaient la vie religieuse des Gaulois. Ils apprenaient pendant une vingtaine d'années les textes sacrés dont la transcription écrite restait interdite. Les légendes et les rites magiques se transmettaient donc oralement, permettant aux druides de garder leur place au sommet de la hiérarchie, car eux seuls étaient censés tout savoir. Ils avaient donc de nombreux privilèges — pas d'impôts ni de service militaire... — et étaient les intermédiaires entre les dieux et les hommes.

** Mégalithe : très grosse pierre, servant au culte d'un dieu ou au culte des morts.*

César et la Guerre des Gaules

La grande puissance voisine est Rome qui a intégré dès 120 av. J.-C. le sud-est de la Gaule et en a fait une province pacifiée et riche : la Gaule Narbonnaise. Dès le début du Ier siècle av. J.-C., les

Gaulois sont aussi de plus en plus menacés par l'avancée sur leurs terres des peuples germains venus du nord-est.

Devant le danger germain, certains peuples gaulois demandent l'aide de Rome. C'est l'opportunité qu'il lui fallait pour entrer en Gaule et espérer la controler. En 58 av. J.-C., à 42 ans, César, général ambitieux et membre de l'élite romaine, remporte sa première grande bataille contre les Germains aux côtés des Gaulois qui avaient besoin de son aide. Mais certains peuples gaulois considèrent peu à peu le maintien des troupes romaines sur leur territoire comme un danger pour leur indépendance. Rome s'incruste ! Parmi ces peuples, les Belges se révoltent mais sont vaincus en 57. César s'attaque alors à toutes les résistances locales gauloises utilisant les oppositions et les haines recuites entre les différents peuples gaulois. C'est ainsi qu'en 54, il reçoit le soutien de nombreux clans gaulois pour écraser l'insurrection de certains peuples. Il divise pour mieux régner et les Gaulois tombent dans le piège.

Cependant, en 52 av. J.-C., alors qu'il est critiqué à Rome, César est également confronté à un danger qu'il n'avait pas imaginé : l'unité des Gaulois derrière un seul chef, Vercingétorix.

Légions romaines et hordes gauloises

Vercingétorix

Les Gaulois profitent de la situation agitée à Rome et des critiques contre César pour conspirer. C'est encore une assemblée de druides qui proclame une guerre sacrée pour l'indépendance de la Gaule Chevelue*. Un chef unique est choisi : Vercingétorix.

C'est un jeune noble du peuple des Arvernes** ayant reçu une formation militaire dans l'armée de César. En effet, l'armée romaine accueillait des troupes auxiliaires composées de soldats et de cavaliers issus de peuples alliés. Vercingétorix connaissait donc bien les tactiques militaires romaines. Chef des Gaulois, il se fait de nombreux alliés et prépare la Gaule pour le grand

soulèvement. Il veut couper les communications entre les armées romaines stationnées en Gaule et l'Italie pour attaquer la riche Gaule Narbonnaise.

Vercingétorix affirma son autorité contre les Gaulois qui ne le soutenaient pas en détruisant leurs cités comme Avaricum (Bourges). En 52 av. J.-C., il réussit à repousser César qui assiégeait la citadelle de Gergovie. Tout semblait aller pour le mieux, pourtant, aidés par les Germains, les Romains pourchassèrent la cavalerie gauloise jusqu'à l'*oppidum* d'Alésia où s'était retranché Vercingétorix. Les Romains entreprirent le siège alors que les secours gaulois tardaient. La défaite arriva rapidement. Vercingétorix se rendit à cheval devant César et jeta ses armes à ses pieds. Il permettait ainsi par son sacrifice à ses soldats de fuir. Il fut emprisonné à Rome et, en 46 av. J.-C., étranglé. C'en était fini de l'indépendance gauloise.

** Gaule Chevelue : nom donné par les Romains à la Gaule celtique par dérision pour la coiffure des Gaulois.*
*** Les Arvernes sont un des nombreux peuples gaulois, et ont donné leur nom à la région qu'ils occupaient : l'Auvergne.*

Les Trois Gaules : la romanisation

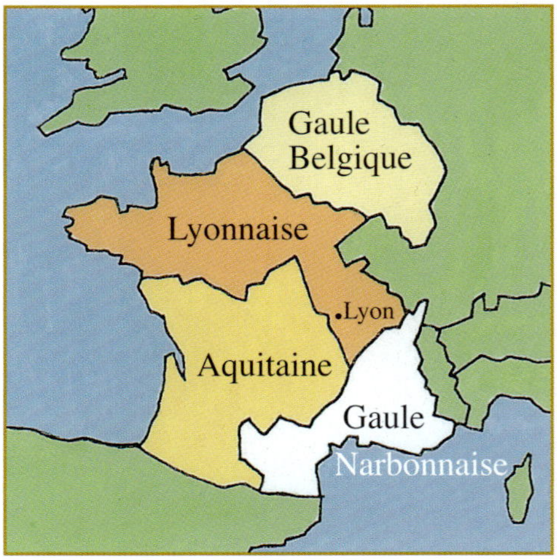

Après la Guerre des Gaules remportée par César en 51 av. J.-C., la Gaule Chevelue est détruite et ravagée. Néanmoins, les Romains y apportent la *Pax Romana* : leur paix. Rome unifie et organise le pays conquis dont les habitants adoptent les mœurs romaines et la langue de l'Empire : le latin. C'est la romanisation. Peu à peu, les Gaulois évoluent et s'intègrent aux Romains et deviennent les Gallo-Romains.

La Gaule Chevelue disparaît, réorganisée par les Romains en trois nouvelles provinces : la Gaule Aquitaine au sud-ouest, la Gaule Lyonnaise, de l'Armorique* au Rhône, et la Gaule Belgique

au nord-est. La capitale des Trois Gaules est Lyon (Lugdunum), ville natale de l'Empereur Claude (41-54 ap. J.-C.).

Cette adaptation à Rome n'empêche pas quelques révoltes au Ier siècle ap. J.-C. En 68, le gouverneur romain de la Lyonnaise, Vindex, appela tous les Gaulois à la révolte contre l'Empereur Néron, qui était un tyran.

Ainsi, peu à peu, la Gaule change de visage et se pare des atours qui caractérisent la civilisation romaine : les découpages administratifs, mais surtout les voies romaines et les villes.

** Armorique : Bretagne actuelle.*

Les villes gallo-romaines

Les Gaulois n'avaient pas de véritable culture urbaine. Les *oppida* n'étaient que des forts et non des villes. Avec l'intégration des Gaulois dans la civilisation romaine, les villes se construisent partout, principalement aux intersections des principales voies commerciales, ou le long des fleuves et des rivières comme Vaison-la-Romaine en Narbonnaise.

Les villes ont toujours un lien important avec les campagnes qui les nourrissent, mais elles deviennent le cœur de la civilisation gallo-romaine. Développée autour du forum*, la ville romaine, souvent créée de toutes pièces, possède des bâtiments romains : la curie est l'assemblée locale où se réunissent les magistrats locaux, la basilique sert de marché couvert et de lieu de réunion pour les marchands, les thermes permettent aux habitants de se laver et de se délasser. À la fin du Ier siècle ap. J.-C., quand la romanisation est achevée, les villes se développent davantage et de nouveaux monuments sont construits : l'amphithéâtre de Nîmes en est un exemple caractéristique. Là, se tenaient les jeux du cirque ou les combats de gladiateurs, offerts la plupart du temps par de riches habitants. Ces Gallo-Romains payaient la construction des grands monuments : aqueducs pour approvisionner les villes en eau, portiques, théâtres... Ils essayaient de se démarquer des autres habitants par leur volonté de paraître plus Romains que les Romains eux-mêmes. Ils ne parlaient pas un latin approximatif mélangé à du gaulois, mais un "beau" latin, parfaitement ridicule pour les vrais Romains.

Arc de triomphe d'Orange

** Forum : place centrale, en général à l'intersection des deux voies principales desservant les quatre points cardinaux, le forum est le cœur de la ville. Là sont les principaux temples et les bâtiments administratifs, c'est aussi la place du marché. C'était donc un plan en damier comme celui adopté pour les grandes villes américaines.*

Le pont du Gard

Les Campagnes et l'économie rurale

Comme les Romains ont colonisé la Gaule entière, ils l'ont réorganisée selon leurs méthodes. La majorité des Gallo-Romains étaient des agriculteurs. Les Romains avaient en général confisqué les terres des Gaulois vaincus et avaient procédé à une cadastration des différents terrains, afin de les répartir et de les coloniser. Des citoyens romains, souvent d'anciens soldats légionnaires, ont reçu des terres gauloises et se sont donc retrouvés en pays gaulois propriétaires de *villae**.

Le travail agricole était assuré par des esclaves dirigés par le *vilicus*, le régisseur, ou par des hommes libres payés à la journée, pendant les moissons par exemple. Des terres se louaient également, no-

tamment sur les grands domaines. Certains de ces domaines étaient immenses et les maisons (*villae*) qu'ils comprenaient, pouvaient avoir jusqu'à 200 pièces comme à Saint-Ulrich en Moselle. Les propriétaires étaient alors de véritables seigneurs qui ne cultivaient pas leurs terres eux-mêmes et qui vivaient la plupart du temps dans les grandes villes.

Les terres gauloises étaient réputées dans l'Antiquité pour leur fertilité : lorsque le climat le permettait, les Romains développèrent systématiquement la culture de la vigne et celle de l'olivier pour l'huile. L'autre grande spécialité agricole de la Gaule fut l'élevage : les charcuteries gauloises ont conquis le marché méditerranéen, ainsi que les lourds manteaux de laine, le duvet et le foie des oies... Les Trois Gaules font ainsi partie des plus riches provinces de l'Empire romain.

Sangliers dans un enclos

** Villa, pluriel villae : il s'agit d'une exploitation agricole de dimension variable comprenant des bâtiments (maison du maître autour d'une cour carrée, bâtiments agricoles, terres).*

Une villa gallo-romaine

Les Dieux gaulois deviennent romains

Un druide arrêté par les Romains

Le domaine le plus difficile à romaniser semble avoir été celui de la religion, pour des raisons autres que divines. En effet, l'influence politique des druides, plus que les rites qu'ils pratiquaient, inquiétait les Romains. Ainsi, l'Empereur Claude interdit-il la pratique du druidisme. Pourtant, les Romains étaient réputés être très tolérants en matière de religion et n'ont pas imposé leurs dieux. En fait, les Gaulois ont conservé de nombreuses traditions et leurs propres dieux, qui ont peu à peu été comparés puis identifés à des dieux romains. Certains dieux romains sont représentés avec des habits ou

des outils gaulois. Cela montre bien les échanges culturels intenses et la tolérance réciproque. Parfois aussi, un dieu romain porte une épithète gauloise : ainsi Apollon Grannus est originaire de Grand dans les Vosges.

De nouveaux cultes sont introduits en Gaule comme le culte des empereurs. Après leur mort, les empereurs romains et parfois leur épouse sont déclarés divins et un culte leur est rendu. Ainsi, le temple de Livie à Vienne est un temple romain qui honore l'épouse du premier empereur romain Auguste.

La Gaule fait donc bien partie de cet Empire immense qu'était l'Empire romain, jusque dans les croyances qui se sont mêlées au fil des siècles. Portant cet Empire si puissant a connu de grandes difficultés dès la fin du IIIe siècle ap. J.-C.

Scène de prière

La fin du monde gallo-romain

Au milieu du IVe siècle, l'Empire romain devenu chrétien* était en crise : les Empereurs n'arrivaient plus à imposer leur pouvoir. Surtout, c'est l'armée qui les désignait. Chaque grand général voulait sa province et agissait en chef local sans plus suivre les ordres venant de Rome.

Or, aux frontières septentrionales de l'Empire, des peuples germaniques depuis longtemps en guerre avec Rome s'agitaient, et étaient attirés par les richesses de l'Empire. C'est pourtant une invasion venue d'Asie centrale, celle des Huns, qui poussa les différents peuples germaniques (Francs, Wisigoths, Ostrogoths...) à franchir les frontières romaines. En effet, pris de panique à l'annonce de l'arrivée des Huns et à l'idée de leur légendaire cruauté, ils fuirent et traversèrent les frontières de l'Empire, celles constituées par le Rhin et le Danube, et les Francs déferlèrent en Gaule. Ces grandes invasions sont acceptées par les empereurs romains qui n'y peuvent rien.

Les Huns détruisent les riches cités gallo-romaines

Au Ve siècle, les Huns et leur roi Attila attaquent la Gaule terrifiée. Les villes se vident, sauf Lutèce (Paris) grâce à sainte Geneviève qui promet la protection du Christ. Attila évite Paris et progresse vers le sud, ravageant tout sur son passage avant d'être stoppé par la dernière armée romaine. Même si Attila meurt peu après en 451, l'Empire romain d'Occident s'effondre en 476 quand le dernier empereur est détrôné par un chef germain. La Gaule disparaît avec l'Empire.

** Voir du même auteur, dans la même collection, Les Romains.*

Attila

Imprimé et façonné par Pollina Luçon 85 n° d'impression : L42006G
Imprimé en France